Olivier.

Essai
sur l'état act
de la législation.

ESSAI

SUR L'ART

DE LA LÉGISLATION,

SUIVI

D'UN PLAN ABRÉGÉ

DE RÉDACTION D'UN CODE CIVIL.

ESSAI
SUR L'ART
DE LA LÉGISLATION,
SUIVI
D'UN PLAN ABRÉGÉ
DE RÉDACTION D'UN CODE CIVIL.

Par le Cit. OLIVIER, du Département de Vaucluse.

Denique sit quodvis simplex dumtaxat et unum.
HORAT. Art. poëtic.

A CARPENTRAS,
De l'Imprimerie de JEAN-ALEXIS PROYET.

Et se trouve
A PARIS,

Chez { BOULARD, Imprimeur-Libraire, rue
Louis-Honoré, n°. 547;
et tous les marchands de nouveautés.

An VIII. — 1800.

L'ART
DE
LA LÉGISLATION.

JE recherche comment on peut établir des lois propres
à gouverner les hommes en société. Objet sérieux, dont
la gravité, l'importance m'inspirent une espèce d'étonne-
ment et de crainte religieuse.

Le plus grand moyen dont les législateurs anciens ont
usé sur les peuples, pour leur faire accepter et observer
des lois, a été de les offrir comme émanées d'un être
supérieur, de la divinité même. Étoit-ce un heureux
artifice? Un mortel, quelque éclairé qu'il fût, pouvoit-
il, sans inspiration surnaturelle, offrir un Code pur, et
sans mélange de lois immuables propres à tous les bons
gouvernemens? Le pouvoit-il, en recueillant attenti-
vement et fidellement les maximes qu'une longue expérience de la raison universelle des hommes sages avoit
consacrées? N'avoit-il pas besoin d'être aidé encore par
une tradition des principales maximes morales et civiles,
qui remontoit à une origine divine?

Quoi qu'il en soit, il est impossible de concevoir une
bonne législation qui ne soit intimement liée avec la
morale, ni une bonne morale qui ne soit intimement
liée avec la religion. Ainsi donc, ce n'est point précisément un art du législateur que d'être religieux; c'est
un devoir. Tracer, par lui-même, des lois pour ses
semblables, seroit une trop audacieuse entreprise. Il
n'est, en quelque manière, de bonnes lois que celles
qui sont puisées au sein de la divinité.

Mais j'entends objecter l'utilité d'une législation qui, s'accommodant à toutes les idées religieuses, sans gêner leur liberté, comprimant l'homme irréligieux dans les liens suffisans de la sociabilité, épargneroit de vaines disputes théologiques, dont les conséquences deviennent souvent dangereuses. Peut-être en accordant qu'il est plus facile de régir un état social avec une religion dominante, on soutiendra qu'il est plus avantageux de le régir indépendamment de toute religion.

Celui donc qui recherche l'art de la législation, doit satisfaire à la fois le dévot et l'incrédule, le déiste et le matérialiste, les athées même, s'il en existe de bonne foi, et si on ne doit pas les estimer trop peu pour en faire mention dans cet ouvrage. Amener aux mêmes textes de législation tant d'individus d'opinions tellement diverses, est, sans doute, un problème difficile à résoudre. Voici pourtant comment il me semble qu'on peut y parvenir. Disons à l'athée, que parmi les lois que nous lui proposerons, il sera libre de n'exécuter que celles qui établissent ses relations avec d'autres hommes, et que, si quelques formalités extérieures, admises ou permises par le gouvernement, favorisent les idées religieuses des croyans, cela lui importe peu; car il n'a pas le droit d'empêcher que le législateur compte pour beaucoup les hommes qui croyent en dieu. Disons aux déistes : que vous importe que des millions d'hommes se plaisent à croire à une révélation qui rend plus sacrés leurs devoirs sociaux ? Nous abhorrons, avec vous, ceux qui livreroient à des supplices, ou à une mort cruelle, l'individu mécréant. Nous entrerons même dans vos vues, en ne vous assujettissant qu'à des lois dérivant de la religion ou de la raison naturelle. Nous ne nous soucions guères que là où nous raisonnerions d'après la supposition d'une révélation, vous supposiez une

simple inspiration que tel ou tel homme a reçue, ou
bien une simple analyse des vérités où sa raison l'a
conduit.

Enfin, il convient de satisfaire aussi l'immense multitude d'hommes portés, par une espèce d'instinct
religieux, à admettre quelque révélation; et, écrivant
en Europe, faut-il bien envisager les dogmes qui y
servent de point de ralliement aux diverses opinions.
L'écrivain lui-même, sur l'art de la législation, peut
laisser deviner ou manifester sa propre croyance,
pourvu qu'il produise un système de lois qui embrassent
sous leur empire le théiste, et le chrétien et le matérialiste : d'où il s'ensuivra qu'à peu de chose près, ses
principes pourront convenir à tous les habitans du globe.
Sa grande tolérance pour les opinions religieuses,
s'associera à une espèce d'indifférence pour toutes les
formes politiques de gouvernement, pourvu qu'il tende
à ramener les peuples au plus haut degré de bonheur
et de liberté dont ils sont susceptibles. Mais autant il
devra se prêter à ces sortes de diversités, autant il
croira être obligé de tendre à l'unité des lois civiles.

Après ces explications préalables, je ne craindrai pas
de paroître religieux et croyant, puisque, relativement
à l'art que j'étudie, j'observe que la force du sentiment
est plus puissante que l'autorité de la raison, quoiqu'on
ne doive pas les séparer. Entraîné par cette force
irrésistible, j'invoque la divinité.

O Dieu puissant ! ô créateur de l'univers ! pourrai-
je tracer l'art de faire des lois pour les hommes, ces
créatures qui te sont les plus chères parmi celles qui
m'environnent ? Le pourrai-je, attentif à cette voix
secrète par laquelle tu nous fais comprendre nos devoirs,

et usant avec crainte, avec circonspection, avec tout
le soin dont je suis capable de cette raison dont tu
m'as doué ? Non, je ne puis qu'avouer mon insuffisance.
Je m'abaisse profondement devant toi. Le sentiment de
ma foiblesse et de mon impuissance, à côté du besoin
extême où nous sommes de suivre des lois salutaires,
m'arrache des larmes. Écoute-moi : écoute la masse
des peuples par lesquels tu veux être chéri et adoré.
Ils gémissent dans l'anarchie, ou sont accablés du
poids de la tyrannie. Leurs gémissemens s'élèvent jusques
vers ton trône éternel. Descends de l'empyrée. Toi seul
tu peux nous dicter des lois...... Prononce...... Nous
écoutons avec respect tes oracles divins.

AIMEZ-MOI, QUI SUIS VOTRE CRÉATEUR,
QUI VOUS ENTOURE DE MES BIENFAITS;
AIMEZ-VOUS TOUS, PARCE QUE JE VOUS AIME
TOUS.

Qu'ai-je entendu ! ô voix sublime ! ô voix d'amour !
ô voix divine ! accens doux et consolateurs qui avez
retenti dans mon ame, et l'avez délicieusement ébranlée
dans tous les points de sensation par lesquels elle peut
éprouver un bonheur à être créée. Quoi ! je suis
aimé de l'être immense, incompréhensible, qui peut
m'entourer de biens au-delà de mes désirs, au-delà
des conceptions de mon imagination, et je ne l'aimerois
pas ! Il m'ordonne d'aimer mes semblables, de faire
pour eux tout ce que je voudrois qu'il me fût fait par
eux ; et je ne lui obéirois pas ! Ah ! rendons-lui
amour pour amour..... Loi naturelle, loi primitive qui
as été gravée dans le cœur humain dès l'instant de sa
création, reprends sur nous ton équitable empire. Notre
cœur est fait pour aimer L'airain est trop foible pour
constater cette loi suprême. La table en est une sur-

tance aimante ; les caractères en sont de feu, d'une flamme inépuisable qui, se dilatant, s'élève vers sa céleste origine.

Si nous n'étions que des substances spirituelles pour lesquelles aucun voile n'interdît une communication plus à découvert, plus voisine de l'immensité divine, aucune souffrance, aucune haine, aucun dégoût, aucun ennui, n'en doutons pas, ne troubleroient nos jouissances d'amour. Mais un corps de fragile composition et de peu de durée, doué d'un petit nombre de sens, captive notre être pensant. Qui sait si, par l'épreuve d'une vie exposée au mal physique, aux chagrins des affections morales, aux tempêtes de nos passions, à la mort dont l'homme seul parmi les animaux a la triste idée ; qui sait si, en observant, dans le cours de cette briève épreuve, les préceptes du créateur, nous n'obtiendrons pas des récompenses ineffables, comme une espèce de justice, pour avoir fait un digne usage de notre liberté ? Ah ! oui, mon cœur me le dit encore. Un instinct de ma raison, un sentiment inné me l'annoncent. Cette promesse du tout-puissant est comme écrite à côté de sa loi d'amour. Sans la croyance d'une vie à venir, où les bons sont récompensés, les méchans punis, les lois prescrites par une autorité humaine seroient trop impuissantes.

Et si je n'étois homme tel qu'il a plu au créateur de me former ; si j'étois intelligence pure, indépendante d'aucune matière, le premier précepte divin me suffiroit : qu'aurois-je besoin du second ? Oui, l'amour mutuel convient entre des créatures dont les unes sont alternativement plus foibles, plus infirmes que les autres ; entre des créatures qui peuvent se communiquer leurs pensées et des consolations par le langage ; des créatures dont les yeux et toute la physionomie sont composés pour exprimer la bienveillance , dont la voix accentuée exprime le sentiment, et s'accorde harmonieusement à d'autres voix semblables, ou peu diverses, ou à des sons artificieusement simulés.

Si nous n'étions des individus mortels dont les générations se succèdent , l'amour conjugal, l'amour paternel et filial, l'amitié particulière entre les parens ne nous appartiendroient point, et ne seroient pas une autre source de délectations ou de peines cuisantes; nos besoins réciproques ne nécessiteroient point tant de sortes de transactions où la bonne-foi est exigée. Cela est ainsi, parce que celui *qui est* l'a voulu ainsi. En nous soumettant à l'ordre de sa création, reconnoissons en ces points les premiers développemens qui nous sont propres de la loi naturelle d'amour, d'où bientôt les gouvernemens civils des hommes multipliés en société, prendront le texte des lois positives plus détaillées, comme ils pourront prendre d'autres textes, en considérant le lien général de fraternité qui unit les hommes ensemble, qui les destine, suivant leur position , à des associations plus ou moins nombreuses, à des relations mutuelles plus ou moins compliquées.

Des lois positives...... des lois composées par des hommes..... Qu'ai-je dit? N'ai-je pas indiqué le passage de la vérité à l'erreur, du certain à l'incertain, du parfait à l'imparfait? Arrêtons-nous...... Ma raison, que je consulte, ne seroit plus raison, si je ne reconnoissois sans cesse les bornes où elle est circonscrite. J'étudie la science de la législation, et j'oserois passer rapidement des lois qui sont éminemment bonnes par essence, à d'autres où l'orgueil de l'être dit raisonnable, a imprimé les traces de sa foiblesse, de ses

erreurs, a commencé les grands malheurs des sociétés ?
Ah ! ne portons pas si-tôt nos regards vers les difficultés et les embarras que la raison humaine éprouve
dans le gouvernement des nombreuses sociétés d'hommes.

Portons auparavant notre attention à examiner les
forces et la capacité de cette raison humaine ; car si
cette raison est, pour ainsi dire, l'instrument dont nous
userons pour déterminer les meilleurs moyens de législation, faut-il bien connoître l'instrument, avant d'en
appliquer l'usage.

Cette faculté qu'a l'homme de raisonner, a-t-elle
pu, par elle-même, lui faire connoître suffisamment
l'immatérialité de l'ame, la liaison de cette substance
pensante avec le corps, l'origine du mal et du bien ?
N'est-elle pas toujours confondue devant la beauté
incompréhensible de tout ce que nous appellons la
Nature ? A-t-elle pu pénétrer ce que sont les diverses
classes des êtres spirituels ? L'expérience des générations,
sur quelques vérités morales, a-t-elle pu rendre sages
des peuples entiers, sans l'intervention d'une croyance
religieuse ? L'homme raisonneur, disputant sans cesse
avec ses semblables, toujours environné de doutes,
n'a peut-être rien de plus sûr que le sentiment de son
impuissance, de son incapacité, enfin, du besoin extrême qu'il a d'une communication de la vérité descendue du ciel. Si l'aveu en a échappé à *Platon*,
combien d'autres prétendus sages devroient en convenir ?

Cette considération n'est-elle pas du moins suffisante
pour nous autoriser à faire un essai, une épreuve propre
à assurer les procédés de l'art que nous méditons, savoir
recueillir, dans des livres dont l'authenticité est la moins
susceptible de contestation, ou dont l'antiquité est la

plus recommandable ; recueillir, dis-je, dans ces livres, les fondemens principaux de la législation ? Et aidant notre raison de l'autorité de ces livres, peut-être pourrons-nous défier ceux qui blâmeroient notre méthode d'y substituer de meilleurs résultats.

Mais où m'engage cette facilité sentimentale de croyance, par laquelle il me semble être reporté aux premières instructions données, dès long-temps, à l'enfance des Européens, et je me trouve ramené au Décalogue de *Moïse*, comme à une base de législation, dont le choix paroîtra puéril aux uns, et d'autres peut-être, et plus mal-à-propos, le croiront fait en dérision !

N'ai-je pas annoncé que je me réduirois aux simples lois de religion ou de raison naturelle ? Eh bien ! je dirai que ce Décalogue, inspiré ou non, révélé ou non, ne contient que les principaux développemens de la loi primitive d'amour ou DE PAIX ci-dessus tracée en gros caractères, dont le cœur humain a toujours été le dépositaire. Sous ce rapport, les antagonistes les plus décidés de tout assujettissement aux opinions religieuses, n'ont qu'à en dépasser les trois premiers articles, et se réduire à l'Hyptalogue suivant, au risque de laisser un vuide bien dangereux dans le gouvernement-pratique des peuples.

Si c'est une simplesse d'enfant que de s'appuyer sur un monument aussi antique et aussi respectable, comme première base de législation, les pyrrhoniens les plus opiniâtres auroient tort de ne point me la pardonner, pourvu que d'ailleurs ils consentent à admettre pour vrai, ce qui est confirmé par la raison universelle de tous les siècles. Ils sentiront que la substance de ce Code, le plus brief qu'on ait pu concevoir, offre encore assez de quoi satisfaire les déistes. C'est en partant de ce point d'appui, que nous déduirons les règles principales de l'art dont nous proposons la recherche, en nous attachant principalement, et premièrement, au droit civil.

Cette antique charte de morale ou des devoirs sociaux, offre les *élémens* les plus substantiels de la législation dans le plus brief modèle imaginable de rédaction. Tout notre art consistera à y assortir, avec une attention scrupuleuse, ce que la raison universelle des hommes a consacré.

L'art de la législation paroîtra bien simple sous cet aspect ; du moins les principes généraux en seront si faciles à concevoir par les esprits les plus vulgaires, qu'on pourra dire que ce n'est point un art. Il présentera les mêmes facilités que la science morale d'où il tire son origine. En effet, il est bien nécessaire que cela soit ainsi ; car l'obéissance aux bonnes lois devant procéder plutôt d'un sentiment, que d'un raisonnnement de tous les sujets qui en reconnoît la justice, il eût été absurde d'exiger que l'universalité d'un peuple eût de longues études à suivre, avant de parvenir à reconnoître cette justice ; il eût fallu que la nature humaine fût différente de ce qu'elle est : donc les règles qui servent de base au droit civil et criminel, qui doit être envisagé antérieurement au droit politique à cause de la versatilité des lois politiques, comparée à l'immutabilité des lois civiles, ces règles, dis-je, seront simples et en petit nombre.

N'ayant presque à remplir ici que la tâche de copiste

remettant sous nos yeux la table mosaïque (*), essayons
d'en déduire les règles fondamentales de législation
civile ; j'appellerai leur ensemble :

LOI DE PAIX.

1°. LE gouvernement, bien loin de gêner le culte
public rendu au créateur de toutes choses, le secondera
de tout son pouvoir, et par des ministres de persuasion
seulement, propagera celui que la raison publique reconnoît être le plus saint et le plus pur.

2°. Il s'accordera avec la religion, pour l'observation
du jour de repos qu'elle indique, parce que ce repos
doit être plutôt consacré pour le culte, que réservé
par un simple motif de délassement (§).

(*) *Un des hommes les plus recommandables, digne de
figurer parmi les législateurs qui ayent illustré le trône,
Alfred n'avoit cru aussi pouvoir établir des lois pour l'An-
gleterre, en 896, qu'en prenant le Décalogue de Moïse
pour base. Il concilia l'extrême douceur de ses lois avec une
sévérité inexorable, contre les juges qui manquoient à leurs
devoirs.*

(§) *Moïse avoit-il reçu de Dieu la mission de fixer
le septième jour, pour être celui du repos ? Ou bien avoit-
il philosophiquement calculé que c'étoit le terme le plus
convenable pour faire reposer l'homme de ses travaux ? Ou
bien avoit-il reconnu quelqu'une de ces relations mystérieuses
qui existent entre les grands types de la nature, telle que
le type du nombre des notes de musique, où, en effet, le
repos est nécessairement sur la tonique ? Il suffiroit que
l'affirmative d'une de ces propositions fût vraie, pour préférer
cette fixation du jour de repos.*

3°. Il n'exigera aucun serment dont la conscience des sujets puisse être alarmée.

Heptalogue.

4°. Il prendra en considération le devoir filial, et réglera avec équité la puissance paternelle, sans laquelle il n'y a guères de bonnes mœurs.

5°. Il favorisera, consacrera, fera respecter le mariage comme un autre lien principal des bonnes mœurs : par conséquent, il signalera l'union des personnes des deux sexes hors le mariage, comme une licence immorale qui offense l'ordre social.

6°. Il fera rendre exactement à chacun ce qui lui appartient, parce que l'état social seroit dissous, si on ne respectoit scrupuleusement le droit de propriété.

7°. Il surveillera l'éducation de la jeunesse par l'af-cendant du bon exemple, le choix des livres, des instituteurs, par l'éloignement des scandales publics ; et n'honorant que les fruits des mariages légitimes, frappant de réprobation les unions adultères ou incestueuses, il aura fait tout ce qui dépend de lui pour la chasteté des mœurs.

8°. La vérité et la bonne - foi seront précieusement recommandées. Le faux témoignage, la calomnie, qui préjudicient à l'honneur, au droit de propriété et à la sécurité des personnes, seront punis.

9°. Le meurtre et l'entreprise du meurtre seront sévèrement réprimés par des punitions exemplaires.

10°. De même les larcins, ou les vols commis de vive

force, seront punis par des peines proportionnellement
graduées, suivant la nature des délits.

———————————

En analysant ces règles de gouvernement, on y trouve
consacrés, d'un côté, l'exercice du culte divin, la puissance paternelle et la sainteté du lien conjugal; de
l'autre, la nécessité de pourvoir efficacement au maintien du droit de propriété et de sûreté personnelle.
Peut-on négliger en législation des objets aussi essentiels? Ce tableau analytique n'offre-t-il pas, sous des
dispositions génériques, la seule base certaine de paix
intérieure et d'ordre social?

Mais comment obtenir des développemens aussi absolument justes des règles propres à guider les gouvernemens,
que le sont ces règles elles-mêmes qui viennent d'être
retracées? C'est, avons-nous dit, en n'adoptant que ceux
que la raison universelle de tous les siècles a constamment reconnus. La raison humaine étant un don divin,
tout ce que cette raison a persévéramment ratifié,
indépendamment des passions qui égarent, d'une manière
momentanée, les individus ou les nations, paroît être
aussi, en quelque sorte, divin.

Qui dit art, dit industrie; qui dit industrie, annonce
une convenance de moyens trouvés par de justes
observations, indique une méthode qui facilite les succès
de l'entreprise. Donc en étudiant l'art de la législation,
il est singulièrement utile d'en classer les objets suivant
leur degré de priorité, pour que les uns attirent, pour
ainsi parler, les autres. Les lois morales, celles,
s'entend, qui nous reportent à la cause première ou
souveraine, en nous rappellant à l'observation de ses
préceptes, sont le principal et premier objet à considérer. Les lois civiles, fondées sur la justice et l'huma-

nité, découlent immédiatement des lois morales, et sont presque aussi peu variables qu'elles. Les lois politiques, relatives à l'intérieur des gouvernemens, naissent de la nécessité de faire observer exactement les lois civiles, qui comprennent, dans leur sens générique, les lois sur les délits et les peines. Les lois politiques sont donc postérieures aux lois civiles, et sont infiniment plus variables. De-là, il résulte que les meilleures lois civiles sont celles qui aident le mieux au règne de la morale la plus pure, et que les meilleures lois politiques ou constitutionnelles intérieures, sont celles qui servent le mieux à faire exactement observer les lois civiles. Ce sont celles-ci qu'il convient maintenant d'envisager.

Reprenons, pour toute méthode de nos recherches, le Décalogue, dont les trois premiers articles doivent être ici laissés en arrière, parce qu'ils rentrent dans les idées religieuses, et indiquent seulement l'association du Code religieux et du Code civil, dans des textes très-limités et très-simples. D'ailleurs, quelques lecteurs ne voudront fixer leur attention que sur l'Heptalogue désigné ; et comme j'ai annoncé vouloir me prêter à toutes les opinions, je me réduis pour eux aux observations relatives à cet Heptalogue.

J'ai dit que l'établissement de la puissance paternelle dérivant d'un précepte divin, ou de la loi naturelle, étoit un des articles recommandés aux gouvernemens. J'ai observé ensuite, que, dans les études de législation, nous ne devions pas faire un pas, sans nous rassurer par l'autorité de la raison universelle de' tous les siècles : attachons-nous à cette précaution.

Près de six mille ans s'écoulent devant mes yeux :

je vois empreints chez les nations primitives patriarca-
lement gouvernées , et sur-tout chez le peuple hébreu,
les signes d'un grand respect envers les chefs de famille.
De-là vint ensuite , parmi les nations les plus policées,
la faculté de faire des testamens. Depuis plus de mille
ans , je vois les peuples civilisés adopter principalement
les maximes du Droit romain , qui , sans avoir obtenu,
dans tous les sens, l'approbation universelle , ont réuni
pourtant les plus nombreux suffrages en certains points.
J'analyse les développemens de ces maximes générale-
ment approuvées. Je conclus que la puissance paternelle ,
dont la nécessité est indiquée par les premières années
de l'homme enfant, qui est le plus foible des animaux ,
le plus accablé de besoins, comme elle est indiquée
par les dangers auxquels l'égarement des passions
humaines expose l'adolescence ; je conclus , dis-je, que
cette puissance doit disparoître, ou être modifiée, lorsque
l'âge ou l'expérience habilitent assez l'enfant à agir par
lui-même ; ou lorsque, par l'état de mariage, se trouvant élévé lui-même à la qualité de chef d'une famille
nouvelle, il doit acquérir, par cette raison, une sorte
d'indépendance , et ne doit plus aux auteurs de ses jours
que de la reconnoissance, du respect, ou des secours
réclamés par une infirme vieillesse.

J'ai rappellé ensuite combien il est important de
consacrer le mariage par une attention particulière du
législateur. En effet, l'homme devant trouver , dans une
union bien assortie, les douceurs qui récompensent la
modération des désirs, devant trouver ses consolations
auprès d'une compagne qui, étant un autre lui-même,
concourt avec lui à l'éducation d'une génération nouvelle, il s'ensuit que la vertu publique ou la paix sociale
dérive principalement d'une généralité de familles bien
ordonnées , comme le crime, la licence, les maladies

honteuses, et tous les désordres sont vomis, çà et la,
par les lieux de prostitution. Le témoignage de l'histoire
universelle des peuples, vient aussi à l'appui du devoir
que le législateur remplit en honorant le mariage.
Quelques foibles exceptions, quelques usages introduits
chez quelques peuples par l'égarement d'une passion qu'on
a cherché à justifier par des impostures religieuses,
n'empêchent point que la règle de législation généra-
lement approuvée, ne soit d'honorer l'union conjugale
d'un seul avec une seule. Car la polygamie, introduite
chez quelques peuples, qu'on a imputée au climat ou
à la nécessité de régénérer la population, sans cesse
diminuée par des maladies pestilentielles, ou enfin à
la multitude des filles qui naissent comparativement au
nombre des mâles, ne rend point réellement ces pays
plus peuplés qu'ils n'étoient avant l'introduction d'un
tel usage.

J'ai encore rappellé l'importance du droit de propriété, *jus suum cuique tribuendi*, dont les Romains ont
fait la base de leurs lois civiles, de même que les
philosophes grecs avoient regardé l'étude de la justice,
sous le rapport qui offroit cette vertu comme étant la
reine de toutes les autres. De-là sont nées les maximes
générales de justice distributive, consacrées par la raison
constante de tant de siècles, et dont quelques titres
du Droit romain sont devenus le dépôt précieux; dépôt
qui renferme d'ailleurs des règles non moins recommandables sur les moyens de suppléer, par la fidélité et
les soins des tuteurs et curateurs, à l'impuissance des
insensés, à la foiblesse des pupilles, à l'inexpérience
des mineurs; dépôt enfin rempli des plus riches trésors
de sagesse humaine, si l'on sait les dégager de quelques
inutilités, ou erreurs ou contradictions, et sur-tout de
l'excessive complication des commentaires où ils sont

encombrés. Ainsi , le meilleur Code civil sera nécessairement un extrait analytique fait avec un choix exquis,
des lois romaines , simplifiées , modifiées en certains
points.

Traçant ici rapidement la marche du législateur sur
dix notes prises au Décalogue , je laisse la septième comme
rentrant dans les précédentes, et n'ai à indiquer les trois
dernières , que comme appartenant au Code des délits
et des peines.

A l'aide des notions précédentes , qui tombent sous
les sens du commun des lecteurs , l'étudiant en législation
ne semble-t-il pas être déjà facilement un peu initié
dans l'art dont nous traitons ? L'engagerons-nous de se
livrer à des méditations profondes, que les détails, les
combinaisons, assez compliquées en matière civile, ne
laissent pas d'exciter ? Lui remettrons - nous les biblio-
thèques immenses de science civile , ou de livres politiques?
Le promenerons-nous sur les pages de l'histoire , pour
qu'il juge de l'application, plus ou moins heureuse en
divers temps , des lois de chaque pays ! Non : nous
l'enchaînerons plutôt à un petit nombre de principes,
certifiés par une raison constante et universelle.

En quoi consiste ce petit nombre de principes relatifs
à l'art de la législation !

1°. La loi doit être simple, briève et précise : d'où
il s'ensuit que le rédacteur doit être principalement
versé dans la grammaire, et dans l'art analytique,
par lequel il réunisse, sous des dispositions générales,
la décision de la plupart des cas particuliers. Il doit
se souvenir que moins le texte des lois se répand
en détails de cas particuliers, plus il atteindra un grand

nombre de ces cas (*). Par la même raison, il se préservera d'admettre aucune loi positive qui ne soit exigée par une absolue nécessité, en observant que pour le droit positif, on a besoin d'avoir souvent recours à des interprétations du législateur, tandis que les lois de raison naturelle s'interprètent par l'équité des juges.

2°. Il doit régner un parfait ensemble, un accord qui tende à l'unité dans toutes les lois par lesquelles un état social est organisé : d'où il suit qu'un seul rédacteur peut mieux réussir qu'une multitude de collaborateurs, quelque habiles qu'ils soient ; mais ce rédacteur, se ressouvenant de la foiblesse de la raison humaine, doit s'entourer d'autant de lumières qu'il est possible, et même faire jaillir ces lumières des discussions qui soient faites par une élite d'hommes éclairés.

3°. Si, d'un côté, la justice des lois civiles doit maintenir le droit privé de propriété ; de l'autre, il convient de faire céder ce droit privé aux motifs d'utilité générale, tel que celui qui exige de fixer la prescription ou terme fatal, passé lequel une action civile ne peut plus être intentée. Il convient encore de permettre aux juges de modérer, en certains cas, ce qu'un droit sévère offriroit de trop dur : car l'équité doit être préférée à la justice trop rigoureuse.

4°. Le droit de propriété, pour s'accorder avec le but du mariage, avec les sentimens légitimes des liaisons d'amitié particulière qu'il faut seconder, et avec une puissance paternelle équitablement déterminée, doit être

---

(*) *C'est ce que j'avois démontré, avant* 1789, *dans un* Traité de la rédaction des lois dans les monarchies.

exercé au-delà de la vie du propriétaire, du moins pour une génération suivante, par l'effet des testamens et des donations : ce qui est encore propre à encourager l'émulation et le travail par lequel l'homme industrieux cherche à augmenter sa fortune. Sur ce point, on se préservera d'être séduit par une fausse application des principes d'égalité, qui semble nécessiter le partage absolument égal du bien patrimonial entre les enfans. La loi doit consacrer ce partage égal, quand le père est censé l'avoir voulu, en ne faisant aucune disposition ; mais la loi doit aussi permettre cette disposition et en prévenir seulement les abus. Sans doute les enfans ont tous un droit égal aux soins, à l'affection d'un père. Mais l'enfant qui consume son temps, épuise son travail dans l'héritage paternel, qui s'y associe, en quelque manière, a un droit présumé de société, ou une rétribution de travail à prélever, dont le père est seul juge, ou bien, il doit être permis au père de s'attacher spécialement un de ses enfans par des bienfaits particuliers : car il seroit juste qu'il payât ou récompensât des étrangers qui s'attacheroient à sa personne ; pourquoi ne le pourroit-il pas à l'égard d'un enfant ? Le père doit estimer si l'avantage fait à un enfant peut tourner au profit de toute la famille. Quand la faculté de tester ne feroit que fortifier la puissance paternelle, elle seroit d'autant plus nécessaire, que les mœurs publiques auroient plus besoin d'être améliorées par l'ascendant de cette puissance domestique.

5°. Par une suite de la nécessité qu'il y a de maintenir le droit de propriété, et plus encore de pourvoir à la sureté des personnes, on usera de la plus sévère justice en poursuivant, réprimant les assassinats, les outrages violens et toutes les espèces de vols ; mais il faut combiner les moyens de cette poursuite ou repression, de

manière que les criminels échappent, le moins qu'il soit
possible , à la vengeance des lois , et qu'on risque le
moins possible de condamner des innocens.

6°. Tout bon gouvernement doit être essentiellement
républicain, en cela seulement que la loi doit traiter
tous les sujets avec égalité, et qu'ils ayent plutôt à
obéir à la loi seule , qu'à la personne des gouvernans.

7°. Le législateur devant seconder l'empire des bonnes
mœurs, y pourvoira en partie, s'il favorise les mariages,
s'il empêche qu'ils soient facilement dissous, s'il attribue
au mari un droit d'administration des biens de la
femme, et s'il règle l'autorité maritale d'une manière
convenable.

8°. Par la même raison, le législateur attribuera au
chef de famille, une puissance modérée et suffisante sur
ses enfans; puissance qu'il doit fortifier, ainsi que nous
l'avons observé, par la faculté de faire des testamens
ou donations, circonscrite dans des bornes équitables,
telles , par exemple , qu'une part légitimaire suffisante
soit réservée aux enfans sur les biens paternels et
maternels.

9°. Les moyens d'activité du gouvernement ne pouvant
être fournis que par les contributions publiques, il
faut, pour éviter la tyrannie , et ne point blesser le
droit de propriété, que les impôts n'excèdent point les
vrais besoins de l'état ; qu'ils soient perçus de la manière
la moins onéreuse , employés , par respect pour la
liberté publique , d'une manière dont l'utilité frappe
tous les regards ; enfin , qu'ils ne servent qu'à soudoyer
l'administration la moins compliquée , comme étant la
moins dispendieuse : car la gravité des impôts , la
multiplicité des armées et des instrumens militaires

offrent ordinairement une tendance manifeste à la tyrannie, bien loin de ramener le peuple à cet état de
républicanisme qui lui convient, et tel que je l'ai indiqué. Bien plus, abstration faite des encouragemens
d'un commerce national, on peut regarder comme le
plus grand signe de liberté, l'absence, ou la plus petite
taxe possible des impôts : car là où l'intérieur est
administré, en quelque sorte, et rendu heureux par
l'ascendant des bonnes mœurs, on n'a pas plus besoin
d'impôts, que là où on peut rester constamment en paix
avec les peuples voisins.

10°. Enfin, les encouragemens donnés à l'agriculture,
aux manufactures, au commerce, à tous les genres
d'industrie et à toutes les sciences, servent à augmenter
le bonheur social, qui est le grand objet, le centre
d'unité auquel doit aboutir la législation. Mais on ne
s'en occupera, qu'après avoir pourvu aux plus urgens
établissemens d'humanité; tels que les hôpitaux, les
maisons d'éducation pour les pauvres ou les enfans
abandonnés.

On s'étonnera que je prétende ici tracer l'art du
législateur, tandis que je n'offre presque à son attention
que des règles triviales, connues de tous. Il seroit bien
plus étonnant qu'on prétendît séparer les bonnes lois
d'avec la nécessité de leur approbation, par une raison
universelle. Il seroit encore plus étonnant que les règles
d'une bonne législation devant rencontrer la même universalité d'approbateurs, fussent au-dessus de la portée
de cette universalité. N'avons-nous pas déjà fait comprendre que le plus grand art de la législation consiste
à en réduire les règles dans leur plus grande simplicité ?
Nous pourrions dire qu'en notre art, le moins fait le
plus. *Montesquieu* a mis un art infini à reconnoître

l'esprit dans lequel on avoit établi diverses lois, en divers temps, en divers pays. *Filangieri* s'est attaché à la substance des lois qu'on devoit faire ; et, entrant dans les détails, les développemens d'un système sage dont quelques parties peuvent être contestées, en aidant aux progrès de la science de la législation, en a laissé l'étude encore bien pénible. Nulle part, je crois, l'art de la législation n'a été tracé ; et je ne conçois pas que cet art en puisse être autrement que de *faire éviter*, avec sureté, les écueils de la science dont il s'agit, comme d'en faciliter extrêmement les procédés.

Je ne sais comment je me trouve avoir tout embrassé dans les dix règles précédentes, comme si le nombre de dix offroit plus spécialement un terme de repos à l'étendue de l'esprit humain, qui doit saisir facilement des idées générales. Quoi qu'il en soit de ces égards pour des quantités numériques, je m'apperçois d'avoir fait un grand oubli dans les règles de législation que je veux esquisser, si toutefois c'est un oubli que de laisser hors des règles positives, ce qui tient à une espèce d'instinct sentimental, qui doit être considéré comme étranger aux mesures et aux calculs de la raison. Pourquoi n'ai-je pas rappellé que le législateur doit plutôt conduire les peuples par le sentiment, que par la raison ? L'effet que les cérémonies religieuses produisent sur les yeux et le cœur des peuples, les effets moraux de la musique doivent-ils être négligés ? Ah ! n'ai-je pas assez frappé le cœur humain dans ses points harmoniques, en parlant de justice, qui offre l'accord le plus merveilleux dans l'ordre social ? N'ai-je pas ému le sentiment, en préconisant les faveurs dues à la tendre union conjugale, à la douce puissance paternelle, à la charmante amitié, qui peut marquer ses prédilections par des dons que la législation autorise ?

Je n'ai senti d'horrible dissonnance que dans les abus d'un gouvernement qui méprise d'aussi précieuses considérations , ou qui opprime les sujets d'impôts dont l'emploi ne rend pas plus heureuse la masse du peuple.

Il m'a suffi , jusqu'à présent, en étudiant l'art de la législation , d'avoir indiqué les objets principaux du législateur. Avançons nos progrès, s'il est possible , sans le secours de beaucoup de lecture , et d'aucune bibliothèque réservée aux grands studieux ; car les peuples étoient plus moraux , et peut-être mieux instruits , là où ils n'avoient qu'un seul livre à lire, le livre religieux.

Nous nous sommes emparés des vérités les plus claires , et, en même temps, les plus communes en matière de législation. Nos premiers pas ont été assurés sur des bases inébranlables. Certains de l'évidence de nos principes , ne nous sera-t-il pas permis d'en déduire les conséquences les plus prochaines ! L'instabilité, la diversité des lois humaines ont été si peu d'accord avec l'unité des véritables principes législatifs , qu'il est nécessaire de conclure , ou que ces principes ont été oubliés , ou qu'on en a déduit trop précipitamment, trop imprudemment de fausses conséquences. Il nous importe donc de reconnoître , avec scrupule, l'intime liaison des corollaires que nous admettrons avec les vérités dont la certitude nous est démontrée : étude serrée, pour ainsi parler , où la prudence de l'observateur doit être proportionnée à l'importance de l'objet. Nos méditations vont se porter immédiatement sur la nature humaine , considérée en général. Ainsi, nous suivrons la marche d'une philosophie simple et naturelle, pourvu toutefois que nous ne regardions pas comme certitude, ce qui résultera de nos réflexions, sans être consacré par le suffrage unanime des peuples anciens et modernes.

La philosophie des lois repose essentiellement sur la connoissance de l'homme, qu'il s'agit de gouverner. De même que la combinaison des pensées, ou autrement dit, la réflexion, ne s'exerce guères que sur des comparaisons, le législateur ne doit-il pas étudier les similitudes, les contrastes et leurs consociations qui règnent dans la nature humaine ? Étude curieuse, mais facilement sujette aux erreurs. Essayons-en quelques considérations.

Liberté de l'homme en société : objet auquel tous sont attirés par la similitude de leur penchant inné. Ce penchant s'associeroit-il avec celui qui fait absolument contraste, celui qui nous fait tendre à la servitude ? Je n'appellerai point servitude, l'assujettissement nécessaire des peuples à la religion. Mais combien n'est-il pas facile que les ministres de la religion, abusant de leur ascendant naturel, n'enchaînent les hommes sous le poids des superstitions, de vaines pratiques, de coutumes même barbares, et de préceptes vexatoires ! Le penchant qu'a l'homme, en général, à une sotte crédulité pour le merveilleux, ou ce qui paroît venir d'une source merveilleuse, n'est-il pas une préparation à un genre de servitude ? Je n'appellerai pas, non plus, servitude, l'assujetissement nécessaire des peuples à un gouvernement ; car il faut une hiérarchie de pouvoirs ; il faut des chefs ; autrement, point d'ordre social. L'égalité des droits politiques, d'où on prétendroit induire l'exclusion de toute autorité, ne seroit qu'un rêve absurde ; et, dans l'état de civilisation, il n'est pas de milieu : il faut ou commander ou obéir ; mais des bornes assignées par la raison à cette autorité nécessaire, naissent aussi les abus, qui préparent divers genres de servitudes.

La force des habitudes prises dès la jeunesse, ne

gouverne-t-elle pas encore les mortels pour les asservir?
L'homme est pourtant né libre, disent les philosophes;
tandis qu'aucun être vivant n'est exposé à autant de
tyrannies, soit de ses erreurs propres, soit de ses
passions; n'a une enfance aussi prolongée, une vieillesse
aussi caduque, et tant de besoins qui le tourmentent.
Sa raison est le gage de sa liberté, j'en conviens;
mais les abus de sa raison, auxquels il est si disposé,
forment les liens qui l'attachent sous toutes les espèces
de tyrans. O nature inexplicable de l'homme, par les
contrastes qu'elle renferme, tu dois être l'objet continuel
de l'étude du législateur, et nous nous sommes bien
abusés, en croyant que l'art de la législation est facile!
Ne doit-il pas connoître tous les extrêmes auxquels
l'homme est porté, qui sont inverses les uns des autres,
et pourtant qui se touchent? Comment appliquera-t-il
ses lois, de manière qu'elles atteignent, en sens contraire, tous ces extrêmes? Étudier l'homme, c'est, en
quelque sorte, étudier l'abrégé de l'univers, du moins
l'abrégé du règne animal, et, pour ainsi parler, étudier
le combat de l'immoralité contre l'ordre moral.

L'homme est susceptible des perfections des autres
créatures animées, et les surpasse toutes; mais il est
susceptible aussi des vices de ces créatures, et de les
surpasser : par conséquent, il possède une plus grande
latitude de liberté qu'aucune d'elles. Plus industrieux
que le castor, plus diligent que l'abeille, plus cou-
rageux que le lion, plus fin que le renard, plus patient
que le chameau, plus fidelle que le chien, plus doux
que l'agneau, et sur-tout plus imitateur que le singe;
il est aussi plus paresseux que l'unau, plus timide que
le lièvre, plus impatient que l'élan, plus infidelle que
le papillon, plus indomptable que le taureau, plus
féroce que le tigre, et sur-tout sujet à mille erreurs

qui semblent précisément être du domaine de sa raison. S'élevant au-dessus de la faculté d'imiter, seul il est doué du génie de l'invention. Les oiseaux, comme a remarqué *Buffon*, offrent une similitude de mœurs avec les quadrupèdes. Il en est de même des poissons et des insectes. Mais l'animal chef, offre une aptitude à toutes ces mœurs différentes. Sur la terre, dans les airs et dans les eaux, on voit les signes de chacune de ses vertus, comme de chacun de ses vices. Il passe légérement des unes aux autres, surpassant toujours ces sortes de types ou modèles. Quel législateur peut régir un protée pareil, se glissant et s'échappant de toutes les mains qui tentent de le saisir ?

Arrêtons-nous sur-tout à ce contraste frappant qu'il renferme, savoir, le penchant à la liberté qui s'aide grandement des lumières de la raison, et le penchant à la servitude, tant sollicité par les erreurs multipliées de cette raison. En considérant ce contraste, quel parti doit prendre le législateur, qui n'est animé que par le désir pur de contribuer au bonheur de l'espèce humaine ? Provoquera-t-il les insurrections contre tous les genres de tyrannie, en électrisant l'amour de la liberté ? Aimera-t-il mieux sauver ses concitoyens des dangers des révolutions politiques, en exagérant les douceurs d'une existence plus tranquille sous un despotisme supportable ? Voilà, sans doute, le législateur ou le philosophe bien embarrassé. Son œil se porte d'un côté et d'autre, aux deux extrêmes. N'y auroit-il pas moyen de s'emparer de ces extrêmes, et de les réunir dans un cercle dont il occupe le centre ? Ce seroit, ce me semble, de poser en principe, que tous les gouvernemens sont bons ou supportables, ou du moins préférables à l'état révolutionnaire, quelque brief qu'on le suppose, pourvu qu'ils soient justes dans les points principaux , savoir , qu'ils soient fondés sur la religion , du moins sur la religion naturelle, sur les mœurs qui dérivent du pouvoir paternel , et de la consécration du lien conjugal , ensuite scrupuleux à maintenir la sureté des personnes et des propriétés. Si ces points essentiels sont négligés d'une manière intolérable , abandonnant alors le conseil de soumission au gouvernement reçu, le philosophe peut se transporter incontinent à l'autre extrême , conseiller de se constituer sous le gouvernement le plus réellement démocratique de tous, celui des juges (*), et pourtant offrir ce gouvernement comme étant une organisation sociale suffisante , mais momentanée , pour arriver, en épargnant beaucoup de malheurs, au gouvernement le mieux convenable , au peuple dont il s'agit. Ainsi, ou de toute autre manière équivalente , l'art du législateur s'exercera par la connoissance de la nature de l'homme. J'ai averti qu'ici les résultats sont plus incertains, parce que je me suis éloigné des règles immuables , qui me donnoient auparavant des résultats certains. Mais comme le géomètre parvient en combinant des vérités mathématiques vulgaires, et connues à d'autres vérités inconnues ; de même le législateur ne doit s'attendre à aucun succès de ses combinaisons politiques, s'il ne manie, pour ainsi dire, les élémens solides de la morale et de la raison universelle.

Il ne maniera ces élémens solides, qu'en tant qu'il ne s'écartera pas des maximes immuables dont l'observation est indispensable , en y assortissant ce que sa raison lui

---

(*) En tant que le choix des juges est rigoureusement le meilleur possible.

indiquera le plus évidemment convenable au temps , aux circonstances, au caractère , aux mœurs et à l'instruction du peuple. Ainsi , le parti que je propose de se constituer momentanément sous le simple gouvernement des juges, seroit très - périlleux, s'il n'étoit parfaitement convenable aux circonstances. Il faut considérer ce parti comme un extrême, qui laisse à choisir mille intermédiaires. Dans l'état de nature , l'homme ne peut être absolument libre qu'en vivant isolé de tout le genre humain. Tel étoit l'homme sauvage que vantoit *Rousseau.* Eh ! qui voudroit de cette liberté ? Dès qu'il existe une famille seulement, l'homme le plus âgé, ou le chef, doit y exercer une autorité. L'association de plusieurs familles exige au moins qu'il y ait des juges ou des arbitres de confiance, pour terminer les différens qui peuvent s'élever. Cette organisation sociale , la plus libre et la plus simple de toutes, exige la plus grande pureté ou simplicité de mœurs. Mais dès qu'une masse d'hommes peut être irritée ou disposée à se porter à des violences contre une autre masse, cet état de guerre conduit à subir le joug d'un chef militaire. Si ce chef a de la sagesse, son autorité ressemblera à l'autorité paternelle ; autrement, c'est despotisme. Tel est le circuit inévitable au milieu duquel les philosophes feront entendre inutilement les principes de liberté naturelle. Les circonstances ou la confiance publique, remettront entre les mains d'un ou de plusieurs individus, la disposition d'une force dominatrice ; et le gouvernement ne sera bon , qu'en tant que cette force s'appliquera à faire exécuter, 1°. les grands principes consignés dans la loi de paix ci-dessus ; 2°. les moyens d'administration les plus convenables au peuple qu'il s'agit de gouverner.

Me reprocheroit-on de suggérer ici des moyens de révolution , tandis qu'au contraire , je voudrois épargner

toutes celles qui ne sont point absolument inévitables!
On me dira que les savans Égyptiens, plus sages que
les nôtres, réservoient leur doctrine secrète, touchant
les droits du peuple, pour n'être communiquée qu'à
des élèves éprouvés : mais aujourd'hui on a tant publié
des principes, que tout le monde n'a pas conçus dans
leur véritable sens, et que même des orateurs populaires
ont altérés, qu'il n'y a plus aucune imprudence à appro-
fondir, dans des écrits publics, les matières de gouvernement, pourvu qu'on respecte l'autorité régnante. Si,
en discutant beaucoup, on a obscurci, faut-il bien
discuter encore pour éclaircir.

Poursuivons nos considérations sur les contrastes de
la nature humaine. Il en est un qui me frappe vivement.
C'est le sentiment d'orgueil dont l'homme est singulièrement susceptible, comparé au degré d'abjection auquel
il est capable de se ravaler. Cet être qui a de si hautes
prétentions et tant d'insolence, combien n'est-il pas
souvent avili et rampant avec ignominie ! Législateur,
ne te dissimules point la vraie gloire de l'homme et sa
misère, ses richesses et ses besoins, sa raison et sa folie,
ses ressources et les limites qui le circonscrivent ; ramène
ces extrèmes à un juste milieu. Agis comme moraliste,
plutôt que comme législateur, et tu useras d'une
autorité bien plus puissante auprès de ceux qui veulent
écouter la voie de leur raison. Permets à l'homme de
s'enorgueillir seulement d'une raison assez humble pour
ne pas oser dépasser les bornes que la divinité lui assigne,
et pour s'anéantir devant le culte dû à l'éternel, devant
la morale divine ou naturelle. Que ton Code offre sans
cesse un grand respect pour cette morale simple, la
crainte d'y rien mêlanger qui soit d'invention humaine,
la répugnance qu'il faut avoir pour n'admettre aucune
loi positive, qui ne soit très-impérieusement commandée

par des motifs évidens, et qui, par-là même, rentre presque dans le droit de nature ou de raison universelle.

Les hommes sont bons naturellement; mais ils sont aussi capables d'une horrible férocité. Comment confirmerons-nous le règne de la bonté, extirperons-nous celui de la perversité? Consraste effrayant, qui tient au système d'heureuse fécondité, à côté de celui d'une entre-destruction perpétuelle que la nature offre partout. Mais dans les élémens contraires, dans le règne animal et végétal, ces deux effets sont balancés par une main souveraine et protectrice; tandis que l'homme, livré à un certain degré de liberté, l'homme, pour ainsi dire, livré à lui-même, est capable d'excès dont la divinité semble presque n'avoir point assigné assez de bornes. Le désir de la vengeance, la cupidité, les passions sensuelles, le sentiment de leur force dans les uns, la terreur dans les autres, entantent les plus grands crimes. L'exemple, l'impunité, l'irréligion encouragent ces crimes et les propagent. Bientôt, c'est un incendie dévorant, qui, faisant le tour du globe, va consumer toute l'espèce humaine. La fable nous le représente par ces millions d'hommes qui sortent à la fois tous armés du sein de la terre, s'entretuent avec un prompt acharnement les uns les autres, et couvrent, sur le champ, de leurs nombreux cadavres, cette terre génératrice. Grand dieu! que deviendrions-nous, si, dans ta bonté propice, tu ne nous dérobois à nos propres fureurs? Ah! n'en doutons point : cette aimable providence, du haut de l'empirée, préside à l'observation des lois de sa création. Au milieu du torrent d'amour qui entraîne les créatures vivantes, anime et féconde toute la nature, s'exerce le pouvoir destructif de la mort, qui, de sa faulx tranchante, abattant çà et là ce qu'elle rencontre, sans attendre la maturité, semble vouloir reproduire à la divinité les occasions de renouveller les effets de sa puissance vivifiante. Cette providence, qui conduit la marche réglée des corps célestes dans leurs orbites, qui tient les rênes de la conduite des êtres animés, comme elle règle les divers mouvemens de la végétation, n'a-t-elle pas tout disposé *avec suavité ?* L'homme, qu'il a presque élevé à la condition de l'ange, seroit-il seul abandonné ? Les sociétés humaines pourront-elles subir long-temps les horreurs de la dissolution intestine, être le théâtre des triomphes criminels ?... Non; NON, la raison égarée, qui produit tant de maux, est, par sa nature, empreinte d'un sentiment de justice qui reprend, de lui-même, son empire ; et le législateur, dans les occasions cruelles et terribles dont nous parlons, n'a qu'à seconder ce sentiment de justice. Mais il a sur-tout besoin de faire valoir les grands moyens, les grands remèdes, qui n'appartiennent qu'à la religion.

S'il a le temps de former les générations à la vertu, et de faire agir les moyens doux, imperceptibles, et, en même temps, les plus efficaces d'une éducation qui soit comme musicale, alors il éteindra la férocité d'un peuple naguères le plus sauvage, d'un peuple dont la rudesse a pris sa source dans la turbulence des camps et des triomphes guerriers.

Quelle que soit la force humaine, on le sait bien, elle est moins que rien devant la force divine. Que sont, dans les fondations des empires, les victoires du plus grand conquérant, ou d'une agrégation des plus forts guerriers, sinon une préparation à une éclatante destruction ou dissolution, lorsque les peuples ne sont point amenés à l'observation des préceptes moraux de la loi naturelle ? Quelle que soit la destruction faite à main d'homme, elle ne peut jamais atteindre aux ravages des grands fléaux qui entrent dans les desseins impénétrables de l'être-suprême. Tous les genres de cruauté accumulés pour faire souffrir un individu que ses semblables détruisent, à part la vive horreur qu'il y a d'être détruit par son semblable, n'atteignent pas au degré des souffrances physiques dont certaines maladies naturelles sont la cause. L'homme étant plus propre à faire un grand mal qu'un grand bien, à plus forte raison son impuissance se décèle, en comparaison de la force divine (si telle comparaison est permise), lorsqu'il s'agit d'accroître le bonheur de la société. Voyez-le se démener à creuser des canaux de navigation ou d'arrosage : voyez-le, assujettissant une troupe esclave ou mercenaire, à élever les pyramides d'Égypte, les temples de Balbek ou de Palmyre. Un vent impétueux, un orage, quelque discorde entre les peuples, la foudre, renversent ces brillans ouvrages, ou bien des millions d'insectes invisibles par leur petitesse, les minent sourdement, et l'entourant de ruines lui apprennent qu'il ne peut rien de grand.

Mais le législateur peut, en quelque manière, se prévaloir de la force divine, en imitant les procédés que l'être-suprême laisse appercevoir dans les ouvrages de sa création. L'agriculteur ne pourra pas dire aux germes qu'il confie au sein de la terre : croissez rapidement, par la chaleur que je ramasse sur vous. S'il vouloit provoquer une prompte végétation, en employant, dans un jour, le degré de feu qui doit agir insensiblement pendant plusieurs mois, il brûleroit, au lieu de féconder ; mais s'il laisse agir une chaleur graduée, il obtient une heureuse fécondité. De même le législateur ne commandera point aux hommes d'être vertueux, et à un peuple de sortir rapidement d'un état de corruption et de perversité ; mais habituant une

nouvelle génération aux douces et comme imperceptibles impressions du goût de ce qui est bon et honnête,
à la beauté, à l'harmonie des formes morales, si l'on
peut s'exprimer ainsi, il fécondera la vertu.

L'éducation apprendra à fuir les vices dont l'homme
est susceptible. La prudence, le sentiment d'humanité,
la vaillance, l'émulation, l'industrie seront rendues plus
générales par les soins de l'éducation, qui préviendra
du moins les grands dangers de l'oisiveté.

Parmi cette quantité d'animaux, qui, tous ensemble,
offrent les divers types des mœurs de l'homme, celui
dont la conformation se rapproche le plus de la forme
humaine, par une suite de ces nuances où tout est
gradué, rapproché dans la nature, offrira sur-tout la
disposition qu'a l'homme à être imitateur. Le législateur
sentira donc tout l'avantage des bons exemples et d'une
louable *accoutumance*. Plus philosophe que ceux qui
méprisent cette qualité d'imitateur, *imitatorum servile
pecus*, il tirera un heureux parti de cette disposition.
Ainsi, après avoir considéré les contrastes qui règnent
dans la nature humaine, il envisagera, avec succès,
les similitudes qu'elle renferme. Si un législateur nou-
veau se souvient lui-même de quelque ancien législateur
qui aye produit de grands effets moraux pour adoucir
et rendre les peuples heureux, qu'a-t-il de mieux à faire
que de l'imiter ! J'aimerois qu'il se pénétrât de l'esprit
d'*Orphée* (*) et d'*Amphion*, et nous verrions, sans doute,
encore les tigres adoucis, les pierres s'élever et se ranger
pour construire les murs de nouvelles et superbes
Thèbes.

(*) *Voyez mon* Essal sur l'esprit d'Orphée.

L'intime connoissance du cœur humain, et des impressions passagères ou durables dont il est susceptible, est encore nécessaire au législateur. Il sait que tout se nuance au moral, comme au physique; il sait qu'on ne devient méchant, et mieux encore, qu'on ne parvient au bien que par des progrès successifs. Il ne négligera donc pas même de multiplier les impressions de gaîté qui se communiquent d'un homme à l'autre: car la sérénité de l'ame et la gaîté appartiennent véritablement à la vertu, et disposent secrétement le cœur aux sentimens vertueux; tandis que le crime rend l'humeur sombre et farouche. Ceci nous explique pourquoi les vrais gens de bien ont un caractère expansif de bienveillance envers tous, et professent une grande tolérance. Il faut donc des établissemens de gaîté, s'il est permis de s'exprimer ainsi. Ce n'est pas pour rien que les spectacles, propres à égayer la multitude, sont favorisés dans les grandes villes. Le législateur attentif distribuera, autant que possible, même dans les campagnes, les moyens excitatifs de joie publique. Je sais bien que ces moyens procèdent naturellement de l'état de paix intérieure, de sécurité personnelle, de l'observation de la justice et d'ordre social. Le contentement général naît des bienfaits que répand un gouvernement vertueux. Mais si moi, mélancolique, bilieux, ou précédemment attristé par des chagrins domestiques, j'aime à rencontrer, à m'entretenir avec quelqu'un d'une humeur badine, qui m'électrise, me communique, par une espèce de magnétisme, ses jouissances de gaîté dont je me sens un peu plus heureux, pourquoi ne désirerois-je pas qu'on répandît ces petites jouissances dans le cœur de tous mes semblables? Fêtes champêtres, festins publics, chants musicaux, danses innocentes, venez sur-tout aux jours de repos, recréer le bon peuple. Mais qu'une attention scrupuleuse des officiers de police, empêche que vous

dégéneriez en discordes sanglantes, en licences scanda-
leuses pour les mœurs. Le *législateur* le plus respectueux
pour une religion sublime, se dissimulera un peu la
sévérité de cette religion, qui réprouveroit le tumulte
des amusemens publics. Il lui laissera seulement le soin
principal d'en arrêter les excès; car en tous points, la
religion supplée à la législation, et lui sert heureusement
de balance.

Mais je m'apperçois, contre mon gré, que je
commence à rendre difficile l'art de la législation, tandis
qu'auparavant, j'ai été pénétré de quelque plaisir à juger
que cet art est infiniment facile. Seroit-il vrai que l'étude
qu'il fournit fût, à son tour, par un contraste frappant,
à la fois le plus facile et le plus difficile ? Oui, sans
contredit; la loi la plus simple et la plus conforme
aux sentimens innés et vulgaires de morale universelle,
est la meilleure, peut-être la seule bonne. Elle appartient donc presque à l'homme enfant, ou du moins à
celui qui se laisse bonnement guider comme par un
instinct de sa raison naturelle. En même temps les
écarts, ou les peuples trompés, par leur raison trop
orgueilleuse, ou par leurs sophistes, ont été entraînés,
offrant mille difficultés au législateur qui veut tout
faire rentrer dans le cercle de la morale primitive, il
est obligé d'avoir profondément médité la nature de
l'homme et l'histoire du genre-humain. Ce n'est point
un honnête homme, bon et simple, avec la candeur
et l'ingénuité de l'enfance, qu'il nous faut pour pro-
poser des lois; mais c'est un législateur âgé, pour ainsi
parler, de six mille ans.

Laissons-le, dans la retraite, étudier *Platon*, *Aristote*
et *Cicéron*, méditer les essais législatifs des *Zoroastres*,
Charondas, *Zaleucus*, *Zamolxis*, *Solon*, *Licurgue*, *Sesostris*,

Sabbacon, *Tribonien*, *Pen*, et parcourir tant d'autres monumens des législations antiques et modernes, pour qu'il puisse nous offrir les fruits de ses sages méditations. Après ce grand travail, peut-être ne rapportera-t-il que la charte primitive de la législation universelle, la même qui appartient, en quelque sorte, à l'homme enfant.

Il vérifiera si bien que le grand art de la législation consiste à la simplifier extrêmement, à la mettre à portée de tous les esprits même les plus vulgaires, qu'il s'appercevra, en observant l'établissement, et les progrès des écoles de droit, depuis qu'elles avoient été séparées des écoles de philosophie morale, que la jurisprudence en est devenue abstruse, épineuse, sémant par-tout des procès ruineux et la discorde parmi les familles, rendant une partie de leur fortune la proie des légistes, dont le plus honnête se sauve à peine de l'odieux attaché à sa profession.

On pourroit dire, dans un sens, que le meilleur législateur n'est point vraiment législateur; car si la bonté des lois consiste dans leur convenance manifeste avec la nature humaine ou avec l'ordre social, les bonnes lois sont comme préexistantes dans l'ordre naturel des choses. Il ne s'agit que de les reconnoître et de les bien rédiger. Un philosophe qui soit excellent rédacteur des lois naturelles, est celui qu'il nous importe le plus de rechercher. Or, un simple rédacteur de lois n'est point proprement législateur ; mais comme on a souvent besoin de lois positives pour faire rentrer l'homme dans le cercle de l'ordre social dont il s'est écarté, nous avons besoin d'une science législative.

Il sera, nous le répétons, grandement utile à l'art du législateur, de classer méthodiquement les objets

qu'il envisage, suivant leur véritable degré de priorité,
à raison de leur importance. On ne s'éloigne que trop
malheureusement de la régularité d'une telle marche,
dans le tumulte des révolutions politiques. Ces révolutions, où toutes les sortes de passions et d'ambitions se
déchaînent, n'agitent la masse ébranlée que relativement
à la suprême puissance où chaque parti, voulant
placer ses chefs, ou chaque chef voulant faire réussir
son parti, espèrent de se partager, comme une con-
quête, l'usage de l'autorité et les richesses dont on
disposera. Aussi a-t-on reproché à l'histoire de n'être
ordinairement que le récit des crimes des hommes; et,
en effet, on n'y est consolé, principalement dans celle
des Égyptiens, des Grecs et des Romains, qu'en y
recueillant les fruits de quelques soins pris, dans des
temps calmes, à étudier la morale et la doctrine civile.

De quoi le peuple a-t-il besoin dans tous les gouvernemens, si ce n'est de la sécurité des personnes ou
du droit de propriété, et de l'édification des mœurs?
Le Code moral et civil, atteignant toutes les classes
de Citoyens, réglant toutes les contestations sur les
fortunes, est donc l'objet préférable et digne de la
priorité d'attention du législateur. On s'occupe néanmoins d'hiérarchie politique et constitutionnelle, avant
de fixer les lois civiles et leur exacte observation,
comme si les autorités politiques, et une constitution
quelconque, devoient être autre chose que les moyens
conservateurs de la sécurité des personnes et des propriétés. On plante la haie qui doit entourer et préserver
l'arbre fruitier; et le retard qu'on met à planter l'arbre,
donne le temps aux buissons de la haie, de dévorer
les sucs d'une terre productrice, avant que les racines
de l'arbre à fruit en ayent pris possession. O vous
révolutionnaires honnêtes, prêchez donc sur les toits,

que le Code religieux, moral et civil est la plus
chère, la plus importante, la plus nécessaire propriété du
peuple ; que fixer sur des bases inébranlables ce Code,
pour le maintien duquel le grand intérêt du peuple
est d'y consacrer toutes ses forces de protection, c'est
l'objet auquel doit s'attacher la première attention des
hommes jugés dignes de rédiger des lois. Vous vous
disputerez après sur la composition du gouvernement,
vous partisans de la République, ou de la Monarchie,
ou de l'Aristocratie ! Vos intérêts ne valent pas la peine
d'être discutés, avant le grand intérêt du peuple.

Quels que soient les systêmes de gouvernement qu'on
tente de faire adopter par l'opinion publique, les fauteurs
de ces systêmes ne manquent guères de reconnoître le
principe : *qu'il convient mieux d'obéir à la loi, qu'à la
personne des gouvernans.* Mais ce respect exclusif accordé
à la loi, ne lui est dû qu'en tant qu'elle est véritablement loi, et non la volonté arbitraire des gouvernans.
Il importe donc, pour préserver le peuple d'aucune
erreur à ce sujet, ou d'aucune duperie politique,
lorsqu'au nom de la loi on exige de sa part un aveugle
obéissance, il importe, dis-je, de se faire une idée bien
précise, bien distincte de ce qui est véritablement loi.
Voici comment il seroit facile d'y parvenir. Je distin-
guerois trois points relativement à chaque loi, savoir :
1°. l'idée de la loi ; 2°. la rédaction; 3°. la consécration..... Expliquons ceci.

1°. L'idée de la loi doit être prise dans le droit
naturel, ou dans les principes évidens de raison universelle ; sans quoi, elle manqueroit de base. Nous nous
conformerons aux vues proposées dans l'art que nous
esquissons, en disant que toutes les idées de lois doivent
descendre ou se déduire des idées primitives de législa-

tion, consignées dans la loi de paix ci-dessus tracée ; ou, si l'on veut, elles doivent être renfermées dans les maximes générales de raison ou de droit naturel. Mais comme ces maximes sont générales, il faut que la descendance des lois particulières qu'on en déduit, apparoisse évidemment. Par exemple, la maxime qui exige de respecter le droit de propriété privée, contient en soi les objets de droit public ; car les choses sur lesquelles on a un droit commun, appartiennent à chaque individu pour sa part ou son utilité propre. Il suffit donc que l'intérêt public soit reconnu, par la raison universelle des sujets, dans un point que la loi a déterminé, pour que la conception ou *idée* de la loi soit bonne. Sans doute les lois positives de chaque pays dépendront des circonstances locales ; mais la raison calme de la masse des sujets de ce gouvernement particulier, en approuvant ces lois positives, prouve leur descendance des maximes de raison universelle. Il importe toujours d'obtenir cette approbation, mais non de la recueillir.

2°. Quant à la rédaction de la loi, nous avons indiqué ailleurs comment elle doit embrasser avec précision le plus grand nombre possible de cas particuliers. Il est assez difficile d'avoir présente à l'esprit une longue énumération des cas possibles, pour en déterminer la décision dans un texte brief. On pourra vaincre cette difficulté, en parcourant, ne fût-ce que dans les index, nos volumineux livres de légistes ou commentateurs. Concluons que toute loi précipitamment rédigée risque bien d'être défectueuse.

3°. Enfin, j'appelle *consécration* de la loi, l'expression officielle qu'en déclare le gouvernement reçu. Mais, suivant mes principes, j'y comprends nécessairement l'approbation universelle qu'elle doit recevoir du public, non d'un public exalté pendant un temps de peu de durée, mais de la multitude calme des sujets, si bien qu'une longue et heureuse pratique achéve la véritable consécration dont il s'agit.

Analysons ces trois points. Il résulte que les seules véritables lois, sont les maximes de la raison consacrées par l'autorité (*).

Tout le monde sait qu'un législateur doit s'occuper du bonheur de chaque individu particulièrement, mais plus encore et préférablement du bonheur du plus grand nombre d'individus réunis en société. Il est ainsi de l'essence de la législation, de ne prescrire que ce qui cause un bien ou empêche un mal. Mais pour s'assurer de la bonté des lois, ne faut-il pas éluder tout sujet d'erreur, en prenant d'un côté, pour base, la loi antique morale que nous avons appellée *loi de paix*, et, de l'autre côté, en nous bornant à adopter les principes de législation qu'une raison universelle et constante a adoptés? Ces principes, nous les avons recueillis et tracés rapidement. Il seroit aisé, mais trop long, de les confirmer par le témoignage de toutes les histoires. Qu'il nous suffise ici de jetter les yeux sur celle de la plus haute antiquité.

Je vois mon étudiant de l'art de la législation, feuilletant, avec la plus grande attention, le livre de *Moïse*, qu'il considère comme le plus ancien de nos historiens,

---

(*) *Cette définition, adoptée par d'anciens jurisconsultes, est la même que je rappellai à la tête de mes* Principes du Droit civil, *publié en* 1776. *On comprendra pourquoi je suis obligé d'en retracer la justesse.*

soit qu'il ait été contemporain d'*Inaque*, ou qu'il ait vécu du temps de *Cécrops* premier roi d'Athènes. Il y envisage la théocratie, qui seroit le plus respectable de tous les gouvernemens, si l'on n'abusoit de ses auspices sacrés. Il trouve heureusement, dans ce livre, le dépôt de la loi universelle et primitive, qu'aucun vain commentaire n'y a osé défigurer, le Décalogue, qu'il peut prendre pour base de toutes les espèces de gouvernemens justes. Il ne voit, dans la race de *Seth*, jusqu'à *Noé*, dite des enfans de Dieu, que l'autorité patriarcale, savoir, l'ascendant suprême de la vertu, qui rendoit naturellement le patriarche, ou chef d'une tribu, arbitre principal des différens, et offroit quelque chose de plus relevé que le gouvernement simple des juges ; car la théocratie y dominoit. Ce n'étoit que chez les descendans de *Caïn*, appellés plus particulièrement enfans des hommes, que des chefs, ou rois, s'étoient emparés du gouvernement (*) ; ou plutôt il s'éleva des oppresseurs, puissans et fameux, qu'on signala du nom de géans.

L'historien hébreu impute au mélange des descendans de *Caïn* avec ceux de *Seth*, cette horrible corruption des mœurs qui, provoquant la colère divine, mérita l'anéantissement de l'espèce humaine par le déluge, à l'exception d'une seule famille miraculeusement conservée. Bientôt la terre, repeuplée par les descendans de *Noé*, offre la même dégénération. Le régime patriarcal est pourtant observé jusqu'à *Abraham*, même jusqu'à *Moïse* et *Josué*, autant que la captivité d'*Israël* en Égypte pouvoit le permettre. N'est-il pas vraisemblable que les

---

(*) *Les rois de Chaldée*, avant le déluge, sont notés par Berose, par Affricanus, ou Abydenus, ou Appollodore.

idées de ce gouvernement patriarcal ont influé sur l'antique sagesse des lois égyptiennes, qui ont laissé quelque réputation, et qui a commencé de se développer sous les *Pharaons*, qui figuroient déjà du temps d'*Abraham*? Ce n'est point ici le lieu de rechercher ces lois; mais il est remarquable que chez le peuple égyptien, où l'on a senti le prix de l'art musical, on ait redouté d'éduquer les enfans avec le secours de la musique; tandis que chez le peuple hébreu, les docteurs n'étoient presque que de fameux musiciens. L'explication en est, que, dans l'Égypte idolâtre, la raison et l'esprit régissoient la législation; chez le peuple élu, c'étoit le sentiment.

M'objectera-t-on ironiquement qu'en retraçant des notions historiques, long-temps déposées dans un caté-chisme d'enfans, je recule, par une niaise exposition, les progrès de l'art que je recherche, au lieu de les avancer? Si c'est-là une foiblesse de moyens qu'on me reproche, je demanderai comment on remplacera les moyens forts et puissans d'une croyance religieuse qui prenne son origine hors des inventions humaines.

A côté des livres antiques de *Moïse*, connus de tout le monde, l'étudiant en législation mettra-t-il les frag-mens de *Sanchoniaton*, contemporain de *David*, au sujet duquel on s'est apperçu qu'il avoit écrit pour défendre l'idolâtrie, et qu'au lieu de parler, comme *Moïse*, des descendans de *Seth*, il a parlé des descendans de *Caïn*? Il n'y verra que fables, et une morale bien au-dessous de celle que respire l'ouvrage de *Moïse*, où tout est d'une leçon sublime. Il verra, dans la patrie de *Sanchoniaton*, chez ces Phéniciens qui avoient d'abord conservé la connoissance du vrai dieu, naître l'idolâtrie du fol enthousiasme par lequel on avoit rendu les honneurs divins à des hommes célèbres.

Notre observateur verra que, dans le gouvernement théocratique, où le pouvoir des chefs de famille devoit avoir une grande latitude, il convenoit que chaque chef fût remplacé par un successeur déterminé, qui étoit ordinairement l'aîné des enfans mâles. La puissance paternelle y sembloit tenir quelque chose de divin, par la bénédiction ou la malédiction dont la faculté étoit attachée à cette puissance. Il falloit des desseins précis de la providence, comme dans ce qui se passa entre *Jacob* et *Ésaü*, pour que le droit d'aînesse se perdît ; ou bien il falloit un démérite grave, tel que celui de *Ruben*, qui avoit souillé le lit de son père.

Il admirera une grande sagesse, et l'art unique de faire partager à tout un peuple les douceurs d'une vraie philosophie dans l'institution du jubilé, et d'autres lois de *Moïse*, d'après lesquelles chacun étoit cultivateur, manioit l'épée dans l'occasion, retournoit ensuite à une vie tranquille, laborieuse, sobre et champêtre, vivant de son travail sans luxe et sans ambition, exempt du danger de tomber dans une misère absolue. C'est bien là toute la philosophie dont un peuple entier puisse devenir susceptible. Rien, au reste, dans l'antiquité, n'atteste mieux le bonheur d'un peuple que ses jouissances en musique ; et on a observé que, quoique la captivité de Babylone eût obligé les Hébreux de suspendre aux saules leurs harpes, ils ne laissèrent pas d'amener, à leur retour, deux cent musiciens de l'un et de l'autre sexe.

Après le gouvernement pur théocratique et patriarcal, vient celui des juges, depuis *Othoniel* jusqu'à *Samuel*. Les rois ne furent donnés, à commencer par *Saül*, que pour accoutumer les Juifs aux divers genres de servitude. Le premier acte de la tyrannie royale de

Saül fut de détruire les prêtres, comme si le despotisme ne pouvoit s'accorder avec eux, et comme s'ils tenoient essentiellement à l'état républicain. Les sollicitations du peuple juif, pour passer du gouvernement des juges à celui des rois, furent occasionnées principalement par une suite de cette erreur qui avoit laissé établir un droit d'hérédité pour la charge de juge. Quoique les fils de *Samuel* eussent jugé, pendant vingt ans, avec intégrité, on sentit qu'ils n'avoient pas le droit de lui succéder ; et, sous prétexte qu'on les en reconnoissoit indignes, on songea à désirer la royauté.

Mais quels que fussent les malheurs et les révolutions qu'éprouva ce peuple inconstant, ingrat et léger, elles ne furent jamais si terribles que quand il les eut méritées par l'abandon de la morale et du culte divin. Ce peuple étoit destiné à conserver précieusement le dépôt de la croyance en un seul dieu. Les autres nations, s'étant adonnées au polithéisme, furent sujettes à de plus grands écarts en morale ; et tandis que l'adultère étoit en horreur et rigoureusement puni chez les Juifs, les autres peuples l'excusoient facilement, et l'autorisoient même par les exemples de leurs divinités chimériques.

Que tout législateur s'attache donc essentiellement à répandre, parmi les sujets qu'il éclaire, le dogme sacré de la croyance en un dieu seul, doué de perfections infinies, créateur, conservateur, et souverain moteur de tout ce qui existe. L'influence utile de ce dogme essentiellement vrai a des effets prodigieux ; mais il est facile que les peuples tombent dans l'égarement, de même que la vision de l'homme est facilement trompée en ce qu'elle prend l'apparence pour la réalité. C'est pourquoi on vérifie, presque dans tous les siècles, que le respect dû à la divinité se transporte aisément à ce qui n'en est qu'une foible image. Le respect dû à une vertu, à un attribut moral, se tourne en honneurs rendus aux signes qui représentent cette vertu, ou qui rappellent cet attribut moral. En vain les sages d'une nation se refusent à cette absurdité; la persécution provoquée par des tyrans, ou par l'enthousiasme d'un peuple insensé, force à se prêter à ces sortes de vénérations ridicules. C'est ainsi que progressivement les vices, les crimes même ont été encensés.

Le polythéisme et l'idolâtrie, qui ont tant aidé au renversement de la morale des peuples, et qui, laissant mille incertitudes à la raison des hommes, les ont réduits à borner leurs désirs, leur ambition à de frivoles jouissances, ou aux triomphes de l'orgueil, à la vaine gloire d'une longue célébrité, avoient pris naissance des faveurs que les anciennes traditions affirmoient avoir été reçues par les patriarches. Parmi ces faveurs, ils comptoient des apparitions de dieu, ou de messagers célestes venus au nom de dieu en quelques occasions. Les descendans de *Cham* cherchèrent à l'emporter sur ceux de *Sem*, tant par le nombre que par l'excellence de ces messagers dont ils inventèrent l'histoire, et auxquels ils dressèrent des autels. La déification des héros n'a eu lieu, parmi eux, qu'après le polithéisme. La promesse et le monument dressé entre *Jacob* et *Laban*, avoient attiré le respect des peuples. Aussi l'émulation des Payens fit dresser, de leur côté, une foule de monumens où les figures d'animaux et d'arbres, ayant été employées, furent une source d'idolâtrie. De-là vint la magie, fondée originairement sur l'art d'enchanter les serpens.

En débrouillant ce cahos des erreurs religieuses, le législateur, qui connoît tout l'avantage d'une morale qui émane d'une religion pure, se fera sur-tout un devoir de propager et protéger celle qui, depuis le commencement du monde, n'a reconnu qu'un seul dieu souverain maître de l'univers ; et il trouvera cette vérité de croyance, chez presque tous les philosophes qui, nés au milieu du polithéisme, ont consulté leur raison.

Il verra, dans l'histoire des Assyriens, les fables les plus extravagantes, principalement touchant *Sémiramis*, qui ont été décrites par *Diodore* de Sicile, d'après *Ctésias*. Le royaume de Babylone, dont le farouche *Nemrod* fut le premier fondateur, étoit antérieur à celui d'Assyrie, quoiqu'il n'ait eu de l'éclat qu'après celui-ci. C'étoit un gouvernement despotique, où les Chaldéens servoient de prêtres ; et leurs études d'astrologie y introduisirent le sabéisme. Après qu'on y eut rendu les premiers honneurs aux planètes, l'adulation, propre à ceux qui vivent sous la servitude, les engagea à déifier leurs grands rois, *Bénadab II* et *Haʒaël*. Les Médes, les Perses et les Scythes, comme les Babyloniens, les Assyriens et les Chaldéens, furent originairement soumis au gouvernement monarchique. Ils eurent cela de commun avec les autres nations primitives, à l'exception du peuple élu.

Quelles qu'ayent été les formes des anciens gouvernemens, le législateur n'y remarquera-t-il pas que toutes les salutaires organisations sociales ont roulé principalement sur l'observation des préceptes de la morale antique et divine abrégés dans le Décalogue ?

Si les peuples sont attachés respectueusement à la croyance d'un dieu qui surveille la conduite des nations et de chaque individu, ils pourront être gouvernés d'une manière patriarcale, et ne dépendre presque d'aucune autorité, parce que des hommes pleins de

moralité, vivant dans leurs propriétés rurales, secourant
volontiers leurs semblables , aimant à se faire gra-
tuitement des prêts mutuels , comme cela est sur-tout
nécessaire dans les associations politiques où les fortunes
sont médiocres , n'ont à se former en corps de nation
que pour repousser les usurpations ou les violences
d'une nation ennemie. C'est-là le plus pur gouvernement
de la loi, l'essence la plus sublime de l'état républicain,
et le gouvernement le plus éloigné de la nécessité
d'asseoir des impôts. Le vrai républicanisme est spécialement attaché à la pureté, à la simplicité des mœurs
chez un peuple laborieux, agricole , des regards duquel
sont éloignés les objets, les occasions, et les exemples
propres à enflammer la cupidité , l'ambition, et toutes
les passions qui conduisent à l'injustice : encore faut-il
que la vertu publique soit soutenue par un grand respect
pour la religion dont les préceptes compriment tous les
développemens des vices auxquels l'homme est sujet, et
règlent jusqu'aux mouvemens secrets de la pensée. Dans
un gouvernement ainsi combiné , le républicanisme
existe moins parce que le peuple exerce son droit de
souveraineté , que parce qu'il peut se passer de souverain ; mais là où on veut établir une république avec
des formes qui attribuent à des assemblées populaires
l'exercice de la souveraineté, cette république ne sera
heureuse qu'en tant qu'on sera comme assuré de la
disposition générale des Citoyens à n'être guidés que
par les vertueux motifs de bien public : autrement, si
on met en activité de gouvernement une foule d'égoïstes,
et d'hommes cupides , il n'en résultera que crimes,
anarchie et malheurs.

Si les passions des hommes , nées d'un certain degré
de civilisation, commencent à les rendre un peu indociles
au frein religieux, si la mauvaise-foi se glisse parmi

eux, si quelques-uns d'entre eux entreprennent d'en-
vahir la propriété d'autrui, alors l'état républicain peut
se conserver assez pur dans le gouvernement des juges.

Enfin, si une nation offre un grand nombre d'individus sans morale et sans vertus, dont la licence n'est
point réprimée par le sentiment religieux, alors le
gouvernement du plus petit nombre de chefs, ou même
d'un seul, semble le plus convenable, parce qu'il faut
une grande force réprimante qui se meuve le plus facilement, le plus promptement et le plus simplement
possible. Ce n'est que sous la sauve-garde d'une puissance pareille qu'on se dérobe aux horreurs de l'anarchie.
Cependant la raison universelle ayant fait sentir, chez
les peuples éclairés, qu'ils sont intéressés à subir le
joug de la loi préférablement à celui de l'homme [et
c'est ce qui constitue la véritable république], on est
convenu de modifier, plus ou moins, le pouvoir des
chefs de nations ou despotes. On a balancé ce pouvoir
tantôt par des corps représentatifs de la nation, tantôt
par des corps tirés des classes de Citoyens plus riches,
ou plus éclairés ; et sous le nom de monarchie, il
s'est conservé des républiques aussi pures que la morale
de la plupart des peuples ait pu le comporter. Ces
gouvernemens ont dû être plus durables, à proportion
de ce qu'on y aura conservé le respect envers la religion, l'attachement aux soins de l'agriculture, qui fait
naître les vertus simples de la vie champêtre, ou qu'on
aura resté fidelle aux principaux préceptes de la morale patriarcale, en se mêlant peu avec les autres
peuples. C'est ce qui explique la durée de l'empire
chinois.

L'analyse de toutes les recherches historiques touchant le bonheur qui a pu se réaliser dans l'état social,

conduit à cette vérité, savoir : *le bonheur du peuple a toujours dépendu de l'observation des maximes simples de conduite civile abrégées, dans l'antique loi de paix que nous avons retracée.*

L'observateur en matière de législation aura beau parcourir toutes les histoires des gouvernemens qui ont remplacé les gouvernemens primitifs ; il n'y trouvera qu'usurpations sur usurpations, troubles survenus par l'oubli des vertus qui affermissoient la tranquillité des anciens peuples ; il n'appercevra une certaine durée de calme, que là où on s'est conformé à l'antique morale de raison universelle. Il s'arrêtera avec plus d'attention sur les progrès de la législation dans l'ancienne Égypte, et dans les temps les plus brillans de la Grèce et de Rome. Il ramassera, dans les productions les plus remarquables qui nous ont été transmises des sages de ces trois nations fameuses, de quoi composer un Code civil. Il y gagnera du moins des lois de détail en matière civile, confirmées par la raison universelle des peuples les plus éclairés, qu'il est facile de rendre propres aux peuples les plus ignares.

Jettant enfin tous ces livres où il paroît souvent que l'esprit a été plus ambitieux d'obtenir des louanges et l'admiration, que le cœur n'a été possédé d'un désir pur de rendre efficacement les hommes heureux, il jugera qu'on gouverne plus facilement les grandes masses de société humaine par le sentiment, et par une espèce d'instinct de raison, que par la conviction sèche du raisonnement ou l'étalage des systêmes prétendus philosophiques. La grande éducation du peuple lui paroîtra consister dans les instructions morales et l'exposition des vérités religieuses données au milieu des cérémonies augustes d'un temple, dans les impressions que les enfans reçoivent des exemples des pères auxquels une puissance convenable doit être attribuée par le gouvernement, dans le spectacle des unions conjugales consacrées par la religion et par les faveurs de la législation, embellies par les douceurs que la nature et la vertu y répandent. La bienveillance mutuelle et les accens du sentiment pouvant être renforcés par la musique, il n'oubliera pas de mettre à profit cet art, qui fut grandement en honneur chez les peuples primitifs.

Lorsque ce prétendant au titre de législateur aura beaucoup travaillé, observé, étudié, il finira par avouer que la meilleure législation, est celle qui est la plus simple, la plus antique, la plus à portée du vulgaire; en un mot, celle qui n'appartient véritablement à aucun législateur mortel. Autant en eussent dit les hommes de sens, quoique peu studieux, du premier âge, étant uniquement guidés par un sentiment de raison naturelle.

Ainsi, tout l'art de la législation consiste à ne point y en mettre, ou plutôt, il consiste à ne perdre jamais de vue deux maximes fondamentales, qui sont de se conformer, 1°. à la loi de paix, ou loi morale antique donnée ou inspirée aux hommes par la divinité, ou, si l'on veut s'exprimer plus vaguement, tracée par la nature dans le cœur humain : 2°. aux principes législatifs constamment reconnus par l'universalité des hommes éclairés.

De même que la morale descendue des cieux, soit qu'on admette une révélation, soit qu'on n'admette qu'une simple inspiration, repose entièrement sur deux préceptes d'amour, l'un envers dieu, l'autre des hommes entre eux, dont le second rentre dans le premier, étant motivé par celui-ci ; de même la législation rédigée par

des hommes, n'aura de succès heureux qu'autant qu'on
aura pris pour base deux corps de préceptes, dont l'un
se rapporte à la raison suprême communiquée aux
mortels; l'autre, à la raison du genre-humain, confirmée
par une longue expérience. Ce sont deux dons émanés
d'en-haut, qui n'en forment, en quelque manière,
qu'un seul, dont le second rentre dans le premier ; et
c'est par une grande fidélité d'attachement à cette cause
unique et première, que peut être cimenté le bonheur
dont il est permis aux peuples de jouir.

PLAN ABRÉGÉ

DE RÉDACTION

D'UN CODE CIVIL.

OBSERVATIONS PRÉLIMINAIRES.

Dans l'essai précédent sur l'art de la législation, j'ai cherché à me guider par le sentiment, et par les principes religieux les plus généralisés qui, se trouvant le mieux d'accord avec ma raison, servissent en même temps de soutien nécessaire à cette raison dont j'ai reconnu la foiblesse. Mais j'ai annoncé, que, dans la rédaction d'un Code civil, nous devrions regarder les principes de justice et d'utilité publique, avoués par la raison humaine, comme suffisans au législateur. Nous avons senti qu'autant il étoit dangereux de regarder le Code moral comme un hors-d'œuvre, sans influence nécessaire dans la législation, ou comme une réserve absolument laissée à l'arbitre des philosophes, autant il étoit délicat et difficile d'assigner précisément les vrais points de contact qui se trouvent entre les maximes de jurisprudence civile et la morale religieuse. Sur ce point, il est toujours plus sûr de laisser la plus grande latitude à l'action de la raison publique, chez un peuple civilisé qu'il faut se contenter d'éclairer, sans entreprendre de gêner sa croyance par des mesures législatives trop hardies. Il a fallu donc séparer, autant que possible, l'inspection des lois morales d'avec celle des lois civiles.

Quant à ces dernières, j'ai pensé que le législateur
pouvoit hardiment, et devoit mettre à profit tout ce
qu'en cette matière, les hommes éclairés des siècles
précèdens nous ont transmis de sage, et ce que leur
réflexion et l'expérience ont consacré : j'ai indiqué sur-
tout combien il étoit important de mettre à profit les
richesses de jurisprudence, recueillies, quoique d'une
manière indigeste, dans le Droit romain. L'ordre merveilleux que les *Domat* et les *Pothier* avoient introduit dans
l'exposition de ce droit, ne m'avoit point dispensé d'un
travail spécial, pour en analyser et ordonner moi-même
les matières, dans divers ouvrages publiés depuis 1776,
comme d'en examiner les changemens et modifications
nécessaires, d'après une critique circonspecte. Après
avoir envisagé le Droit civil de toute l'Europe, j'avois
spécialement, pour la France, et avant sa révolution,
exécuté un Essai de *conciliation* des coutumes françaises ;
et, par une méthode assez facile, j'avois fait ressortir
la conciliation de plus de trois cent coutumes, d'après
la conciliation de celle de Paris avec le Droit romain,
que j'avois prise pour base, et qui m'avoit progressivement facilité la conciliation des quatre autres grandes
coutumes de Normandie, Vermandois, Bourgogne et
Brétagne.

Les textes des lois qui résultoient de ce travail étant
les mêmes que si je m'étois uniquement occupé à modifier le Droit romain, ils appartiennent à tous les
gouvernemens libres. Ils appartiennent même à la philosophie des anciens, dont j'avois démontré (*) l'intime
liaison avec la jurisprudence. Il ne m'a fallu qu'un peu

____

(*) *Civilis doctrinæ analysis philosophica.* —— *Romæ*
1777, *in-4°*.

plus de peine pour arriver au même but en partant
de divers points, et me soumettant à parcourir les
circuits embarrassans que les abus d'une absurde féodalité, les variations inextricables de la jurisprudence
française jettoient devant mes pas. Le plan que je
propose doit donc être le même que celui de la rédaction que j'avois mise sous les yeux de l'Assemblée
constituante de France, en 1791 (*v. s.*). Les déviations,
les violens écarts où l'on s'est porté dans la fameuse
révolution qui tient encore l'Europe en suspens, et l'a
ébranlée au point d'y introduire de grands changemens
nécessaires, ont arrêté l'exposition de toutes mes idées,
sur les lois civiles, jusqu'à ce moment, où une autorité
tutélaire, mieux concentrée, régularise les moyens
par lesquels on doit convenir de l'adoption stable d'un
Code civil. J'ai dû estimer que le meilleur Code pour
la France seroit celui qui pourroit devenir commun à
toute l'Europe, indépendamment des changemens politiques dont les gouvernemens y seront susceptibles.

D'où vient que dix années d'existence d'un nombreux
corps législatif, n'ont pas suffi pour obtenir un Code
civil dont une grande nation demandoit la confection
d'une manière pressante? C'étoit pourtant dans un siècle
de lumières, chez une nation très-civilisée, qui avoit
produit, parmi ses Représentans pour la législation,
une multitude incroyable d'hommes remarquables par
de grands talens. On diroit que c'est-là un phénomène
moral, qui atteste l'impuissance des facultés de l'esprit
humain. Faut-il attribuer ce phénomène aux troubles
qu'une grande révolution a multipliés sur le sol de la
France? Mais il falloit si peu de temps, et si peu de
moyens pour rédiger heureusement un Code civil; le
besoin en étoit si urgent chez un peuple où la diversité
de son Droit coutumier précédent avoit révolté tous les

esprits raisonnables ; l'extinction de la féodalité, et la suppression de toutes les coutumes embarrassantes qu'elle avoit produites, s'étoient opérées d'une manière si vive, qu'on eût dit qu'un torrent avoit tout emporté du gothique édifice de la législation, en avoit nettoyé la place, et avoit mis sous la main des nouveaux architectes, des matériaux propres et tous arrangés.

Le choc des diverses ambitions, des passions haineuses qui avoient tant occupé la Représentation nationale, avoit donc assez laissé du temps pour que le Code civil s'élevât régulièrement du milieu d'une pareille tourmente. On peut ainsi s'étonner du retard mis dans cette rédaction ; et ce retard ne s'explique guères, qu'en disant que la multitude seule des collaborateurs a été un obstacle à quelques travaux les plus simples et les plus nécessaires : car on doit convenir qu'en France, la chose n'eût point été si facile, hors d'une époque violemment révolutionnaire. On doit néanmoins bien regretter que les bons esprits n'aient pu se rallier pour coopérer à des changemens heureux de législation, sans que le peuple fût exposé à des commotions affreuses, dont les effets ont semblé propres à épouvanter l'univers.

La nature de mon plan de Code civil est telle, qu'il seroit inutile et disconvenable de lui comparer les autres projets de Code présentés, durant la révolution, par des juristes estimables, ou des littérateurs dont j'apprécie tout le mérite. D'ailleurs, le sage auteur du plus essentiel de ces plans, a convenu d'avoir adopté, en divers points, un systême de législation commandé par des circonstances qui n'existent plus.

Il seroit aussi superflu que je publias ma rédaction toute entière, qu'il a suffi d'imprimer en petit nombre d'exemplaires, pour les individus voisins du Gouvernement destinés à en juger, parce qu'un Code dénué de sanction, est un ouvrage à peu près inutile au public. Ceux qui n'ont pas profondément médité les matières de jurisprudence, ni l'art d'en analyser les décisions, ne sauroient juger d'un tel ouvrage, ou en seroient repoussés par ennui. Quant à ceux qui ont fait cette méditation et qui possèdent parfaitement les matières du Droit romain, il suffit de leur soumettre le plan suivant de rédaction, très-succinct, pour qu'ils puissent y ajouter quelque amélioration. On observera que, dans ce plan, où j'admets le Droit romain pour base, on aura l'avantage de conserver les ressources que présentent la plupart des bons livres de droit. S'il en est de ces livres dont il importe d'épargner la dégoûtante lecture aux *légistes*, il en est aussi qui peuvent merveilleusement servir de guides aux Tribunaux, dans la discussion d'une infinité de cas particuliers. Les citations puisées dans les auteurs de droit, ne forment point, à mon avis, une autorité qui règle nécessairement la décision des affaires en litige ; mais elles éclairent la raison des juges, et forment ainsi un supplément utile à un Code qu'il importe de réduire dans la rédaction la plus briève : car la rédaction que j'ai proposée n'excéderoit pas 150 pages d'imprimé, *in-8°.*, caractère ordinaire.

PLAN DE RÉDACTION

D'UN CODE CIVIL

PROPRE

A TOUS LES GOUVERNEMENS LIBRES.

Maximes qui en servent de base.

1°. LE Code doit être assez brief, pour être facilement appris par tous les Citoyens un peu lettrés, qui puissent en donner communication aux autres Citoyens.

2°. Les lois naturelles d'équité, doivent y être bien discernées d'avec les lois positives.

3°. Toutes doivent traiter les sujets avec égalité, dans le sens qu'égalité signifie justice.

4°. Elles doivent donc procurer aux membres de la société, la jouissance la plus abondante et la plus juste des biens auxquels ils peuvent participer ; et cette jouissance n'est juste, qu'en tant que les lois tendent à l'amélioration des mœurs.

Division générale de ce Plan.

LA rédaction de ce Code, dont la forme et le mérite sont assez indiqués dans notre exposition de l'art de la législation, est divisée en deux parties.

1°. Il s'agit des personnes ; 2°. des choses, de leur usage et des moyens de les acquérir.

Idée principale à laquelle tout le Plan se rapporte.

LE recueil des principes de justice reconnus par l'antique philosophie, qu'on a appellé *Jurisprudence romaine*, est adopté, dans cette rédaction, sous une forme plus méthodique, plus simple qu'aucune précédente ; mais avec quelques différences, que d'ultérieures réflexions ou l'expérience paroissent indiquer.

Différences d'avec la Jurisprudence romaine, que j'admets dans cette rédaction.

1°. L'APTITUDE à contracter mariage, seroit présumée ou fixée à l'âge de dix-huit ans complets pour les mâles, et à quinze ans pour les filles.

2°. La puissance paternelle n'auroit lieu que jusqu'à l'âge de vingt-cinq ans des enfans ; elle n'appartiendroit point à l'aïeul, au préjudice de l'autorité du père ; elle cesseroit par le mariage de l'enfant, ou par l'émancipation, qui ne pourroit avoir lieu qu'en faveur des enfans qui auroient commencé au moins leur vingtième année.

3°. Le droit de garde [qui seroit déterminé à l'instar du pouvoir paternel, sous des modifications convenables], seroit attribué à la mère ; et, à son défaut, à l'aïeule paternelle, toujours à défaut du père et de l'aïeul paternel, et dureroit, à l'égard des enfans mâles, jusqu'à dix-huit ans complets ; à l'égard des filles, jusqu'à quinze.

4°. Les mineurs qui seroient hors de la puissance paternelle, pourroient, à l'âge de vingt ans accomplis, administrer leurs immeubles, et disposer de leurs meubles, ainsi que de leurs propres acquêts. Le consentement du père seroit nécessaire pour le mariage de son enfant mineur de vingt-cinq ans ; à défaut du père, le consentement de la mère seroit nécessaire pour les enfans qui n'ont pas vingt ans.

5°. On pourroit stipuler la communauté des biens entre mari et femme ; et dès-lors, cette stipulation suivroit les règles générales des conventions.

6°. Il y auroit un Code rural spécialement séparé du Code civil, à cause de l'attention particulière qu'on doit à l'agriculture. Il y auroit de même des lois particulières en faveur du commerce.

7°. On fixeroit clairement les prescriptions des actions civiles et les formes de conservation du droit hypothécaire. Sur ce dernier point, il seroit trop long d'exposer ici les différences que j'adopte, d'avec les nouvelles lois françaises.

8°. En adoptant les règles du Droit romain, touchant les successions *ab intestat*, admettre les frères et leurs descendans en concurrence avec les ascendans, et n'accorder aux frères consanguins ou utérins qu'une demi-portion d'hérédité, lorsqu'ils seroient en concurrrence avec les germains qui auroient portion entière. Lorsque les collatéraux succèdent, s'ils ne sont pas au même degré, les admettre par souche ; et, s'ils sont au même degré, les admettre par têtes, en préférant les collatéraux descendans, aux collatéraux ascendans qui ne sont pas plus proches en degré ; exclure le droit de représentation au-delà du troisième degré ; admettre l'époux survivant, à la succession *ab intestat* de l'époux défunt, au préjudice des parens collatéraux, qui ne viennent qu'après le cinquième degré ; établir aussi le droit de succession en faveur du gendre, ou du beau-père, ou de la belle-mère, ou de la bru, au préjudice du fisc, s'il n'y a que des parens au-delà du dixième degré..... N'admettre la distinction des biens paternels et maternels, et le droit de retour de ces biens, que lorsqu'il n'y a point de descendans, et seulement en faveur des ascendans directs ou des ascendans collatéraux qui les avoient donnés eux-mêmes, ou des descendans directs de ceux-ci, ou de leurs frères et sœurs.

9°. Les donations ou dispositions de dernière volonté, ne seroient permises qu'à ceux qui ont atteint l'âge de vingt ans accomplis, et ne sont point sous la puissance paternelle. Elles seroient permises aux femmes mariées, sans qu'elle fussent autorisées par leur mari. Les substitutions fidéicommissaires ne pourroient s'étendre au-delà d'un seul degré, l'institution d'héritier non comprise ; la substitution pupillaire ne pourroit frustrer la mère du pupille, de son droit de légitime sur les biens de celui-ci. Les enfans de la personne chargée de rendre un héritage substitué, pourroient prétendre un droit de légitime sur cet héritage, s'il provient de leur aïeul ou aïeule, ou autre ascendant en ligne directe..... Les donations entre-vifs, en faveur d'autres que les enfans ou descendans en ligne directe du donateur, ne pourroient excéder la dixième portion des biens du donateur qui auroit des enfans légitimes capables de recevoir..... Le droit légitimaire des enfans seroit fixé aux deux tiers de ce qu'ils auroient eu *ab intestat*. Le même droit pour les asscendans, ou ceux qui les représentent, seroit fixé au tiers de l'héritage. A défaut de ceux-là, les frères ou sœurs, ou leurs représentans, auroient un semblable droit de légitime.

10°. La preuve des obligations pour une valeur d'une somme au-dessus de deux cent francs, ne seroit reçue que quand il y auroit un commencement de preuve par écrit..... L'acquit du payement annuel de trois années consécutives d'une pension, feroit présumer les payemens des annuités précédentes.

Nota en général. Il importe essentiellement d'éluder, dans la rédaction d'un Code civil, toute loi positive qui n'est pas absolument nécessaire. On éludera ainsi la nécessité d'une foule de détails embarrassans dans l'interprétation que ces lois positives entraînent, d'autant plus qu'elles sortent du cercle des principes universels de justice.